CHAMBRE DE COMMERCE

DE CLERMONT-FERRAND

TARIF GÉNÉRAL DES DOUANES

RAPPORT

CLERMONT-FERRAND

TYPOGRAPHIE ET LITHOGRAPHIE MONT-LOUIS

Rue Barbançon, 2

1878

CHAMBRE DE COMMERCE

DE CLERMONT-FERRAND

TARIF GÉNÉRAL DES DOUANES

RAPPORT

CLERMONT-FERRAND

TYPOGRAPHIE ET LITHOGRAPHIE MONT-LOUIS

Rue Barbançon, 2

1878

CHAMBRE DE COMMERCE

DE

CLERMONT-FERRAND

TARIF GÉNÉRAL DES DOUANES

Monsieur le Ministre,

Par votre circulaire en date du 3 avril dernier, vous nous avez adressé le questionnaire dressé par la Commission de la Chambre des députés au sujet du projet de loi relatif à l'établissement du tarif général des douanes. Nous avons l'honneur de vous exposer le résultat de nos délibérations.

La Chambre de Commerce de Clermont-Ferrand tient à affirmer de nouveau à cette occasion les principes qui ont toujours guidé ses délibérations en pareille matière. Elle considère comme un droit naturel la liberté pour les industriels, les commerçants, les consommateurs, d'aller chercher les produits qui leur sont nécessaires là où ils rencontrent les conditions les plus avantageuses.

Les restrictions qu'on peut imposer à ce droit ne peuvent se justifier que par deux sortes de considération d'ordre absolument distinct :

1° L'intérêt du Trésor, car les douanes sont un impôt indirect de consommation.

Personne ne songe moins que nous à ébranler une organisation budgétaire qui nous a permis de traverser les épreuves des dernières années ; nous ne ferons que deux observations. La première est, qu'il n'est pas certain qu'une augmentation de taxes amène un accroissement des recettes, tandis que les exemples ne manquent pas où on a vu les recettes s'accroître à chaque dégrèvement. La seconde est qu'il n'y a pas identité complète entre un droit de douane et un impôt de consommation à l'intérieur. La charge directe pèse également dans les deux cas sur le consommateur de l'objet frappé d'un droit ; mais tandis que là s'arrête l'effet de l'impôt intérieur, il arrive presque toujours que le pays dont nous frappons un produit, répond en taxant un des nôtres, et que le droit de douane produit ce second effet, cette charge indirecte, de gêner notre commerce d'exportation.

2° Toute modification de notre système douanier doit s'inspirer d'un respect scrupuleux des intérêts existants, respect qui exige que les droits perçus jusqu'à ce jour, et à l'abri desquels ont prospéré nos industries, ne soient abaissés qu'avec la plus extrême prudence, et par une progression assez lente pour stimuler nos nationaux, les tenir toujours à la hauteur des progrès réalisés par nos voisins, sans amener les crises locales dont on a ressenti les effets désastreux à chaque changement brusque, et qui ont fait au système de la liberté des échanges des ennemis irréconciliables.

La Chambre de Commerce de Clermont, renouvelant les déclarations contenues dans sa lettre du 2 octobre 1875, affirme sa préférence pour le régime des traités de commerce, et son opposition aux luttes de tarifs de nation à nation. Elle demande qu'on prenne pour base du nouveau tarif général à établir toutes les concessions qu'on avait faites jusqu'à ce jour dans les traités de commerce conclus avec les principales nations, car elle est fondée à considérer ces progrès comme acquis; et elle ne cessera d'insister pour que les modifications que l'avenir pourra apporter à ce tarif soient toujours faites dans le sens de dégrèvements progressifs.

Ainsi que nous le disions dans la lettre précitée, le commerce et l'industrie réclament avant tout la sécurité, c'est-à-dire la certitude de se trouver pendant un temps plus ou moins long, mais défini, en face d'une situation nettement définie elle-même. Le régime des *lois* de douanes conserve à la législation douanière une mobilité que nous déclarons dangereuse. Nous voulons un tarif à l'abri des nécessités diplomatiques ou financières, des préférences du moment pour tel ou tel système économique. Et c'est précisément parce que le régime des *traités internationaux* nous promet cette fixité dans des conditions déterminées que nous le préférons à tout autre.

C'est encore ce besoin de *fixité* dans les relations commerciales entre nations qui nous fait repousser la clause dite *de la nation la plus favorisée*, nous ne pourrions aujourd'hui que renouveler les arguments exposés dans la délibération de la Chambre déjà citée.

La Chambre voudrait s'abstenir de traiter les questions qui lui sont soumises d'une manière trop générale, trop théorique ; mais elle estime qu'en présence de l'effort immense fait par les pays protectionnistes pour modifier d'après leurs vues, et à propos de la révision du tarif général, la politique commerciale de la France, il lui sera permis de protester, et de repousser les deux principaux arguments de ses adversaires, ceux surtout au moyen desquels ils espèrent produire illusion, cacher le côté de la question qu'on ne voit pas tout d'abord.

On cite constamment l'exemple des pays radicalement protectionnistes, les États-Unis surtout. En premier lieu, il nous semble que les renseignements que nous possédons sur la situation de ce pays s'accordent à nous le montrer atteint par la crise commerciale plus gravement encore que les États de l'Europe. De plus, et sans aller au fond de cette grave question, ne sommes-nous pas fondés à affirmer que les effets économiques du rigoureux système de protection appliqué aux États-Unis auraient été tout différents si le Sud s'était séparé du Nord à la suite de la guerre ? C'est un impôt de guerre destiné à faire face aux charges écrasantes léguées par la lutte de la sécession, et les résultats financiers de cet impôt ne prouvent rien en faveur de la protection, pas plus que les puissants effets financiers du système d'impôts dont s'est surchargée la France pour payer sa rançon ne prouvent qu'il est bon d'écraser un pays d'impôts.

On répète aussi souvent que la taxe perçue par le Trésor à l'entrée, si on la suit jusqu'à l'objet livré au consommateur, s'est divisée à un point tel qu'elle devient insensible. Mais il n'en est pas moins vrai que si les fils étrangers, par exemple, frappés d'un nouveau droit, font tomber dans les caisses publiques vingt millions de plus que par le passé, ces vingt millions sont pris aux acheteurs français de ces fils, depuis le tisseur jusqu'au consommateur ; on doit les retrouver en un point de la série des intermédiaires ; en sorte que si la filature française est encouragée dans la proportion de vingt millions, d'autres Français, industriels, commerçants ou consommateurs, sont surchargés d'une somme égale.

Pour ces motifs, et pour ceux qu'elle a exposés déjà dans de précédentes délibérations, la Chambre déclare qu'elle est opposée à toute aggravation de taxe, quel que soit le motif indiqué.

Elle a été heureuse de voir M. le Ministre reconnaître dans son exposé des motifs que les organes de l'Industrie et du Commerce déclaraient à l'unanimité qu'ils n'ont pas la pensée de retourner en arrière, et que la grande majorité des Chambres demandait le renouvellement *des traités*, qui seuls peuvent donner à l'Industrie la stabilité indispensable.

Elle estime que c'est avec raison que le projet de tarif au sujet duquel nous avons été consultés prend comme limite supérieure de nos tarifications de l'avenir les taxes qui avaient été considérées en 1860 comme la limite des concessions possibles.

Elle approuve toutes les modifications qui n'ont eu pour but que de réparer des erreurs, ou de taxer avec équité et dans la proportion des taxes existant sur les produits similaires équivalents, des produits nouveaux (produits chimiques surtout), et encore inconnus lors des derniers traités.

Mais en ce qui regarde la majoration de 24 0/0 établie par l'article 4 du projet de loi, elle partage l'avis de la majorité des membres du Conseil supérieur du Commerce et de l'Industrie, qui considère le tarif général non comme une arme de discussion à réserver au Gouvernement, mais comme la loi générale des transactions commerciales, comme le droit commun dans lequel rentreront les nations avec lesquelles on n'arrivera pas à faire de traité de commerce.

A ce titre, et pour les motifs exposés plus haut, elle repousse la surtaxe proposée de 24 0/0, et demande que le Gouvernement revienne à la solution qu'il avait adoptée dans le projet soumis à la Chambre des députés au commencement de la session 1877, sans se laisser entraîner par la réaction qui semble pousser quelques États vers les majorations de tarifs.

Nous avons répondu par ce qui précède à la première, à la quatrième, à la cinquième des questions qui étaient posées à la Chambre ; nous ajouterons une seule observation relative à l'industrie du plomb qui a pour notre région une importance notable.

Ces usines s'alimentent surtout par l'affinage ou désargentation du plomb. Or, l'Espagne laisse sortir en franchise les plombs doux affinés, c'est-à-dire désargentés et frappe les plombs argentifères d'un droit de sortie de 10 francs par tonne, et comme les plombs entrent en franchise en France, les produits espagnols (plombs doux), arrivent sur le marché protégés non-seulement par une économie de main-d'œuvre et de frais de manutention, par l'admission privilégiée à un taux fixe et rémunérateur de leur argent à l'hôtel des Monnaies de Madrid, mais encore par ce droit de 10 francs qui empêche les plombs argentifères espagnols de venir s'affiner en France.

La Chambre de Commerce est l'interprète de l'industrie du plomb dans sa circonscription, en invitant le Gouvernement à négocier avec l'Espagne la suppression du droit de 10 francs par tonne qu'elle fait payer à la sortie du plomb argentifère.

DEUXIÈME QUESTION.

DROITS SPÉCIFIQUES ET DROITS *ad valorem.*

La Chambre approuve la substitution des droits spécifiques aux droits *ad valorem* par les motifs qu'elle a exposés dans sa lettre à M. le Ministre en date du 2 octobre 1875.

TROISIÈME QUESTION.

SURTAXE D'ENTREPÔT MAINTENUE PAR L'ARTICLE 2 DU PROJET DE LOI, POUR LES PRODUITS DÉTAILLÉS AU TABLEAU C.

La circonscription de la Chambre de Commerce de Clermont est trop indirectement intéressée à cette question pour que son avis puisse entrer en balance avec celui des Chambres des régions frontières. Au point de vue général, ces surtaxes ne sont à ses yeux qu'une augmentation de droits. Mais malgré cette considération elle ne peut donner un avis défavorable à une mesure qui a pour but de diriger certains pro-

duits directement des pays de production sur nos
frontières et dans nos ports, et que les Chambres
spécialement intéressées déclarent indispensables au
développement de notre marine marchande, de nos
relations lointaines, et à la prospérité de nos marchés
commerciaux.

SIXIÈME QUESTION.

ADMISSIONS TEMPORAIRES.

Comme dans la question précédente nous n'avons
dans nos départements du Centre, qu'un intérêt indirect au maintien ou à la suppression des *admissions
temporaires*. Mais au point de vue *des intérêts gé-
néraux du consommateur, qui doivent servir de base
au régime économique désiré par notre Chambre,*
nous émettons comme par le passé un avis favorable
à l'application de ce principe, en ce qui touche les
matières premières qui viennent recevoir en France
des manutentions profitables à l'industrie natio-
nale.

Toutefois nous apercevons dans la pratique un
double danger qu'il nous suffira de signaler aux préoc-
cupations du Gouvernement.

En premier lieu, le trafic des acquits-à-caution, qui constitue pour les forges du Midi qui exportent par exemple, une véritable protection au détriment des forges du Nord, auxquelles les marchés extérieurs sont fermés par la concurrence anglaise et belge, protection dont l'État fait les frais. Nous laissons à de plus intéressés que nous le soin de se prononcer sur cette grave question, ainsi que sur celle de l'application en cette matière du principe de l'*identique* ou de l'*équivalent*.

En second lieu, il est des produits fabriqués à l'étranger et qui ne viennent chercher en France que l'apprêt, la manutention définitive sans laquelle ils resteraient sans attrait. Ainsi un produit étranger s'introduit en France sans payer aucun droit et retourne au lieu de fabrication sans payer non plus aucun droit, revêtu de la forme, du cachet français sans lesquels il eût conservé une infériorité évidente et se fût vendu difficilement. Lorsque notre propre produit, fabriqué complètement en France, rencontre sur le marché allemand par exemple, ce produit dont nous venons de parler, la lutte n'est plus possible ; car l'article français a été grevé de la taxe allemande, tandis que l'article allemand, presque toujours fabriqué à meilleur compte que le nôtre, n'a eu à supporter que les frais du port à l'aller et au retour. Il en résulte pour notre exportation une infériorité évidente.

Sous le bénéfice de ces deux observations, la Chambre estime que le régime des admissions temporaires doit être maintenu en principe.

Nous avons répondu aux questions qui nous étaient faites, par l'exposé des vues de la Chambre de Commerce de Clermont en matière de législation douanière. Nous tenons à ajouter qu'à nos yeux, dans un pays dont la politique commerciale incline franchement vers la liberté des échanges, le devoir de l'État est de chercher à améliorer par tous les moyens en son pouvoir les conditions dans lesquelles nos nationaux auront à lutter contre la concurrence étrangère. La réforme postale est en ce sens un progrès sérieux dont nous avons su apprécier l'importance. La Chambre espère qu'il sera complété prochainement par une réforme télégraphique aussi largement conçue, et elle renouvelle le vœu qu'elle a adressé à ce sujet à M. le Ministre.

En proposant à la signature du Président de la République le décret en date du 8 août dernier, par lequel le Drawback est accordé aux produits de la confiserie, M. le Ministre du Commerce a donné satisfaction aux demandes légitimes formulées depuis plusieurs années par une importante industrie de notre département, et toujours appuyée par la Chambre de Commerce de Clermont, qui est heureuse de lui témoigner ici sa reconnaissance.

Placée au centre de la France, à la distance maximum de toutes nos frontières, dépourvue de canaux, la région que nous représentons était plus directement intéressée que toutes les autres à la suppression de l'impôt sur le transport en petite vitesse ; cet impôt devait disparaître le premier, et le Gouvernement, en le rayant de nos lois de finances a répondu au vœu unanime de toutes les Chambres.

Mais si nous savons constater les efforts faits par le Gouvernement pour alléger les charges qui pèsent sur le Commerce et l'Industrie, nous ne pouvons pas perdre de vue que l'énorme accroissement des impôts depuis la guerre (près de 750,000,000 par an), pèse presque uniquement sur la classe industrielle et commerçante. Et puisque l'état de nos finances nous permet d'espérer dans un avenir prochain des dégrèvements nouveaux, nous croyons de notre devoir de signaler sans cesse les impôts dont la suppression est le plus vivement désirée, et qui sont :

Les taxes sur les transports en grande vitesse ;

Les centimes additionnels ajoutés depuis la guerre à l'impôt des patentes ;

Les droits de timbre triplés depuis la guerre sur les effets de commerce;

Le droit de timbre de 10 centimes sur les quittances.

Délibéré en séance, le 26 août 1878.

Le Président,

RENOUX.

Étaient présents :

MM. BRANCHER ;
CHAMBE ;
FAURE ;
LESPINAS ;
PÉRET ;
VAULUISANT.

G. GAILLARD,
rapporteur.

Clermont-Ferrand, imprimerie Mont-Louis.